JN410474

시간의 빛깔

최일화 시집

문학의전당 시인선
162

시간의 빛깔

최일화 시집

문학의전당

시인의 말

시에 절대적 가치 기준이 있는 건 아니지만
여전히 부끄럽다.

생의 마지막 날까지 시를 쓰고 싶다.

연희문학창작촌에서
최일화

차례

제2부 산티니케탄

제3부 노파와 유모차

제4부 함박눈을 보낸다

제1부 시간의 빛깔

하얀 봄

입춘도 엊그제 지나고
가겟집 유리창엔 어린 봄의 웃음소리
완행버스를 타고 몇 조각
남아 있을 고향 햇살이나 쬐고 올까
바다가 보이는 들판으로 가
옛날의 오솔길 한동안 걷다 올까
솔개 날개깃에 봄이 실려 왔는데
토끼풀 망태 속에 봄이 담겨 왔는데
봄은 이제 소래갯벌 갯고랑
오리 물질에 떠다니네
폐선의 깃발에 하얀 봄이 나부끼네

걸어 다니는 새

사람들 분주하게 오가는 공원 한 모퉁이
참새가 통통 뛰며 모이를 쫀다
비둘기가 옆에서 아장아장 걸으며 모이를 찾는다

통통 뛰는 새와 아장아장 걷는 새
어떤 새가 더 예쁘다든가
어떤 새가 더 촌스러운 새인지를 말하려는 게 아니다
참새와 비둘기가 같이 모이를 쪼는데 언뜻 보니
참새는 통통 뛰고 비둘기는 아장아장 걷더라는 것이다

걸음걸이가 좀 다르면 어떠냐
깃털의 빛깔이 좀 다르면 어떠냐
고양이가 다가오면 깜짝 놀라
참새는 울타리로 비둘기는 지붕으로 날아올랐다가
다시 내려와 같이 모이를 쫀다는 것뿐

날아오를 수 있다는 건 축복이다
세상이 변해도 때까치처럼 세상을 등지지는 말아야 할

텐데

기아에 허덕이는 모습을 보이거나
사람들 눈 밖에 나지는 말아야 할 텐데

땅으로 내려와 걷는 배고픈 새들이
깜짝 놀라 달아나게 해서는 안 된다
신록으로 눈부신 공원에
참새와 비둘기가 나란히 모이를 쪼고 있다

자장면 연애

자장면을 같이 먹고 싶던 여자가
미소를 지으며 건달처럼 생긴 남자와
걷던 캠퍼스에 참 오랜만에 찾아왔네

내가 먼저 점찍어 놨는데
어떻게 인상도 고약한 남자아이와 늘 붙어 다니는지
어쨌거나 나는 그 여자를 좋아했고
한번만 같이 자장면을 먹고 싶다는 생각을 했다

그녀의 엄마가 소아마비를 앓았다는 것을 알게 되었고
그녀 아버지가 재혼을 했다는 것도 알게 되었고
절뚝거리는 엄마를 숨기고 싶었을까 엉뚱한
생각을 하기도 하면서 자장면을 같이 먹고 싶었다

나는 새파란 총각이었고
너는 앉을 듯 말 듯 날아간 한 마리 새였고
네가 날아간 하늘을 나는 오래 바라보았다

오랜만에 너를 사랑하여 앉았던 벤치에 앉아
옛날의 하늘을 올려다보고 있는데
주차장엔 옛날보다 더 많은 차들이 드나들고
저 아이들이 내 후배들인가 오가는 학생들을 바라보며
생각해보지만

알바를 못 구해 종종거리는 아이들 발걸음만 빠르고
저 아이들 중에 자장면을 같이 먹고 싶은 아이를
가슴속에 몰래 품고 다니는 아이가 혹 있을지 몰라

어느덧 네 발길 오가던 사거리까지 왔구나
옛날의 신호등 저만치서 깜빡이고
내가 잃어버린 것이 비단 너 하나뿐이겠는가
자동차는 다시 오가고 신호등은 빨간불이고

시간의 빛깔

나무마다 제 빛깔로 물들고 있다
밤나무는 밤나무의 빛깔로
떡갈나무는 떡갈나무의 빛깔로

젊어선 나의 빛깔도 온통 푸른빛이었을까

목련꽃 같던 첫사랑도
삼십여 년 몸 담아온 일터도
온통 꽃과 매미와 누룽지만 같던 고향 마을도
모두 제 빛깔로 물들고 있다

늙는다는 건 제 빛깔로 익어가는 것
장미꽃 같던 정열도 갈 빛으로 물들고
농부는 흙의 빛깔로
시인은 시인의 빛깔로 익어가는 아침

사랑과 미움, 만남과 헤어짐
달콤한 유혹과 쓰디쓴 배반까지도

초등학교 친구들의 보리 싹 같던 사투리도
입동 무렵의 빛깔로 물들어가고 있다

밀물

거대한 바다가 갯고랑을 타고 올라와
갯고랑 물가에 앉아 있는
흰뺨검둥오리의 발을 적시고
흰뺨검둥오리가 한 걸음 물러서고
종종걸음 치는 청다리도요의 발을 적시고
청다리도요가 한 걸음 물러서고

바다의 끝자락
가장 낮은 곳의 나문재의 목을 축이고
퉁퉁마디의 허리를 감싸 안으며
어린 아기가 놀고 있는 앞마당까지
바다가 왔다

누에가 고치를 짓는 모습이나
새벽녘 꽃봉오리가 열리는 모습이나
밀물이 들어와 수천수만 갈래로
갯벌을 조금씩 적셔가는 모습이 한 몸짓이다

텃밭 매는 할머니 호미질 같은
물결부전나비의 날갯짓 같은
섬세하고 다정한 바다의 손길을 보았다

매미주(酒)

월출산 남쪽 자락 L 시인의 고향에 내려가
물이 흐르는 계곡 평상에 앉아 술을 먹는데
매미 한 마리 툭, 술잔 속으로 떨어진다
참 신나는 일을 자축하기로 하고
우리는 술잔을 돌려 매미주를 따라 마셨다

사랑도 노래도 다 끝내고 세상을 하직하면서
시인의 술잔에 떨어져 생을 마감하는 매미
고달픈 삶을 살며 매미도 저 자연 속 시인이었을까
시인들과 술 한잔 같이하고 싶었을까

익선관 하나씩 씌워주고 싶었는지도 몰라
한 순배 술잔이 도니 금세 벼슬아치라도 된 듯
L 시인의 목소리가 낭랑해지고
B 시인의 목소리도 점점 활기를 띠기 시작했는데

그때 그 계곡물 참 맑고 시원했는데
다시 그 계곡물에 발을 담그고 술잔 기울이고 싶었는데

가뭇없이 시절은 지나가고 여름은
다시 와 새벽부터 매미 울음 쏟아지는데

L 시인의 유택에도 여름은 오고
중풍에 쓰러진 B 시인의 뜰에도 녹음은 우거졌는데
매미주를 먹던 날이 엊그제의 일만 같은데

봄 조심

잔설이 사방에 널려 있다고
응달엔 흰 눈이 수북수북 쌓였다고 안심하면 안 돼요
나무들이 모두 겨울잠을 잔다고
들판이 온통 마른 풀 세상이라고 맘을 놓으면 안 돼요

마른 풀섶에 숨어서
검은 나무껍질 속에서 기다렸다가
어느 날 방심하는 사이
봄은 해일처럼 당신을 덮친답니다
밤이고 낮이고 장소 따로 없이 세상을 점령합니다

봄을 조심하세요
강력한 봄의 물살에 떠밀려가지 마세요
사나운 들짐승을 다루듯 조심스럽게
멀리서 오시는 성자를 영접하듯
경건하게 맞이하세요

젖은 들녘에 눈보라가 친다고

칼바람에 나뭇가지 휘어진다고
멀리 남녘에나 봄이 왔다고
딴청부리지 마세요

제비

퇴락해가는 낡은 이념이 아니다
한때 풍미하던 유행이 아니다
옛날부터 전해오는 손때 묻은 자산
한 생애를 함께해야 할 살아 있는 고전
뜸부기가 울지 않는 논배미
제비가 날지 않는 고향 들녘이
아득한 역사의 저편처럼 적막하다
내 영혼이 환호작약할 꽃들의 날은 멀다

천의 얼굴

한 송이 들꽃이 또 지고 있다
시간이 흐르면 모두 안개 걷히듯 사라질
이름들, 모습들, 대화들

더러는 오래 남아 생의 한 구비에 떠오르기도 할
매번 절묘하고 다채로운 빛깔로 만났다가
헤어짐의 색채는 언제나 낯설기만 한
수만 번 만나고 헤어져도 익숙하지 않은
이별은 천의 얼굴을 가졌다

이별은 망각을 향해 피는 한 송이 꽃
이별은 기억을 위해 지는 한 송이 꽃

목련꽃 떨어져 그늘이 지고
모란꽃 지는 소리에 소스라쳐 놀라듯
모든 이별은 꽃을 닮았다

한 송이 들꽃이 피었다가 가뭇없이 지고 있다

시간에 대하여

다만 꽃이 피었다가 사람들을 울려 놓고 지는 것이다. 올챙이가 자라 개구리가 되고 도굴꾼이 왕릉을 도굴하듯 술꾼들이 개구리를 잡아다가 술안주로 먹는 것이다. 시간이 나를 데리고 꽃잎을 띄우고 흘러가는 시냇물처럼 흘러가는 것이 아니라 멈춰 있는 시간을 가로질러 세상이 봄이 되었다가 가을이 되었다가 다시 봄이 되는 것이다. 움직이는 것은 시간이 아니라 움직이는 것은 참새고 나팔꽃이고 초승달이다.

가만히 있는 너를 시간이 한 발짝씩 죽음을 향하여 데리고 가는 것이 아니라 꽃이 피건 새가 울건 시간은 아무런 내색을 하지 않고 다만 네가 시간 속을 헤엄쳐 그윽한 내일을 향하여 가고 있다. 시간이 기차처럼 너를 태워 데리고 갈 때를 기다려야 하는 게 아니라 네가 물갈퀴처럼 지느러미처럼 헤엄쳐 비단잉어처럼 꿀벌처럼 물총새처럼 시간의 집터 위에 집을 지어야 한다.

네 손발이 삿대가 되고 네 머리와 가슴이 돛대가 되어

푸른 하늘 은하수를 노 저어 가야 한다. 우주 속을 유영하는 행성처럼 너는 시간 속을 한 마리 황조롱이처럼 날아올라야 한다. 어제부터 터지기 시작한 산수유도 개나리도 저희들 날개로 훨훨 날아 저희들 집을 짓기 위해 예쁜 꽃을 피우고 있다. 시간이 너를 구름열차에 태우고 고대광실로 가는 것이 아니라 네가 시간 속을 뚜벅뚜벅 가로질러 꽃도 되고 나비도 되는 것이다.

폐경기

그녀가 부르던 〈꿈의 대화〉가 생각나서
그녀 몰래 노래방에 가서 〈꿈의 대화〉를 불러본 적 있다

신록이 무르익던 어느 퇴근 무렵
반주 곁들여 식사를 한번 같이 한 적 있다

나는 정년퇴직을 했는데
미혼인 그녀는 오솔길처럼 호젓하다

그녀가 여태 노처녀로 있는 걸 보면
세상의 남자들이 허풍쟁이가 아니고 무엇인가
영어 외엔 애인도 없고 취미도 없고
아무런 꿈도 소망도 없는 것처럼
원어민 교사와 영어로만 주고받던 그녀

남편과 싸우거나 아이들 뒤치다꺼리하는 걸 빼면
여자가 하는 일은 영어뿐이 없을 것이다
시도 쓰지 않는 그녀는 누구에게 문자메시지를 보내는지

오래 못 본 그녀의 나이를 꼽으며
폐경기가 지났다는 걸 나는 금세 안다
폐경기가 지났는데도 혼자인 여자가
커피를 마시며 새날의 아침을 열고 있다니

그녀의 짝도 어딘가 있을 것이다
몇 번 그녀에게 편지를 쓰기도 했을 것이다
페미니즘으로 하루를 채우고 있을 그녀를 생각하는 것은
지금 막 라일락이 꽃피기 시작했기 때문만은 아니다

새는 살아 있다

어릴 적 나는 밤낮없이 새를 좇아다녔다
새를 찾아 나무를 올려다보고 풀밭을 누볐다
그 열정은 내 마음 한 구석에 고스란히 살아 있다
새는 나의 친구였다 나의 애인이었다
무료한 영혼에 푸른 생기를 불어넣던 신앙이었다

손에 잡히지 않던 새
수없이 잡으려다가 실패했다
집을 지어 새끼를 먹여 살리는 새
하늘과 땅의 중간 지점에 제왕처럼 사는 새
나는 새에게 한 마리 위험한 짐승이었지만
새는 내게 불멸의 혼이고 황홀한 꿈이었다

새들마다 모두 날갯짓이 다르다
제 각각 고유한 음색으로 노래를 부른다
세심하게 집터를 골라 기하학적으로 집을 짓는다
육아의 전문가이며 용감한 병사
성실한 지아비이며 충실한 지어미

신뢰와 사랑으로 가정을 꾸려
때가 되면 훌륭하게 자녀들을 독립시켜 내놓는다

언제나 사람보다 높은 곳에 사는 새
사람보다 먼저 아침을 만나고 먼저 봄을 맞이한다
사람보다 나무와 더 가깝게 지내는 새
새를 사랑하는 마음은 별을 사랑하는 마음
나는 새를 사랑하는 법을 모른다
그때 그 새들이 내 마음속에 살아 있다

나의 일생은 새를 찾아다니는 긴 여정
용서를 빌고 싶어 나는 가끔 눈을 감는다
새는 한번도 내게 몸을 맡기지 않았다
한번도 나의 손길에 길들여지지 않았다
새가 그렇듯이 시도 연애도 길들여지지 않는다
한번도 내게 몸을 맡긴 적 없는 꿈과 시가 새를 닮았다

귀갓길

한가한 봄날 오후
버스 한 대가 느릿느릿 저만치서 온다
나를 태우려고 버스는 멈추고
다시 버스는 털털거리며 간다
천 원으로 누리는 호사
창밖으로 보이는 연둣빛 신록
버스에서 내려 허름한 중국집으로 들어간다

주인은 상냥하게 인사를 하고
물 잔에 냉수를 따라다 앞에 놓는다
배달되어 나오는 한 그릇의 우동
나는 시장기를 면하고
가벼운 인사를 주고받으며 문을 나선다

쏟아지는 햇살 속으로
감미로운 선율로 흐르는 라일락 향기
머릿속으로 한 생각이 스쳐간다
가난에서 풍요를 찾아내는 사람들

풍요에서 가난에 허덕이는 사람들

거리는 온통 푸른 오월이다

라이브 가수

은행나무 아래 라이브 가수
쩡쩡 울리는 갈대의 순정은
은행나무국수집 손님들 귓전에도 날아 꽂히고
옹기종기 모여 앉은 아줌마들 추억에도 꽃을 피운다

아줌마 하나 이천 냥을 통에 넣는데

자전거를 타던 사람 멈춰 서서
머나먼 고향무정 하나 듣고 가고
길 건너 엿장수 하얀 바지춤 무릎 위에 춤추고

은행잎 부쩍 노란빛을 띠어 가는데
라이브 가수의 직장은 은행나무 밑
오동잎 한 잎 두 잎 떨어지는 은행나무 밑

제2부 산티니케탄

불면

새벽 네 시 무렵
먼동이 트고 점점 아침이 열리는 걸
창문을 통해 바라보고 있다가
나는 또 잠자는 걸 오후로 미룬다
매미가 우는 이 새벽에
풀잎도 기지개를 펴고
거미도 일어나 이슬을 털어내는 이 아침에
잠자리에 드는 건
별들에게 여간 미안한 게 아니다
온전히 깨어 앉아 아침의 기척이라도 느껴야지
밤을 새운 흐린 눈으로 앉아
몸단장하는 멧새
창문을 여는 이웃들 더불어
햇살 한 움큼 받아 쥐는 시늉이라도 해야지

해와 달보다도 먼 곳
—산티니케탄 1

천만리 먼 더운 나라의 조그만 창문 옆에 앉아 생일의 아침을 맞고 있습니다. 기차를 타고 비행기를 타고 언어도 풍습도 다른 곳으로 달려왔는데 해와 달보다도 멀리 계신 어머니가 어떻게 이곳을 아시기나 할까요. 나는 어머니의 뱃속에서 오랜 옛날 아주 작은 씨앗으로 맺히었지요. 그 조그만 씨앗의 어린 새싹을 남겨두고 미운 아기 젖 안 주고 밀어내듯이 경전 속의 전설보다도 먼 나라로 어머니는 떠나시었습니다. 그 까만 씨앗의 봄의 텃밭에 작은 싹을 처음 틔운 날이 나의 생일입니다.

그 어린 새싹과 그날의 봄볕을 어머니는 다 기억하고 계십니다. 어머니의 기쁨인 그날이 오늘인데 어머니는 해와 달보다도 먼 곳에 계십니다. 저녁 무렵 지친 몸으로 돌아와 낯선 나라의 창문 곁으로 다가앉으니 어머니는 저녁 잔광으로 나를 찾아오셨습니다. 나의 방을 둘러보시고 아들의 얼굴을 바라보시고는 부엌으로 가 생일상을 들고 오셨지요. 생일상을 물리고 나니 어머니는 떠나시었습니다. 고요한 밤의 이불을 내 곁에 놓아두시고 저녁 잔광과 함께 해와 달보다도 먼 곳으로 어머니는 다시 떠나시었습니다.

---

* 산티니케탄 : 인도 동북부 서벵골주의 도시로 '평화의 마을' 이란 뜻을 가졌다. 동양 최초의 노벨문학상 수상자인 R. 타고르가 세운 대학도시로 타고르는 이곳에서 교육 사업을 펼치고 많은 작품을 집필하였다.

노래의 씨앗
— 산티니케탄 2

금과 은의 장신구로 온몸을 치장하고 부귀와 영화를 누렸다면 어머니는 나의 노래가 되지 못했을 것입니다. 내 노래에 어머니가 없다면 그 노래가 어떻게 구름을 지나 은하수까지 날아갈 수 있으며 푸른 강을 건너 아득한 지평선 저 멀리 무지개 마을까지 울릴 수가 있겠습니까. 내 노래는 가난하고 외로운 어머니의 자장가에서 싹이 텄지요. 한 겨울밤 등잔불 아래 밤 이슥토록 바느질하던 그 시절 밤새 울던 외로운 새의 눈동자에 내 노래의 물줄기는 닿아 있어요. 어머니가 견디어 낸 가난과 고독엔 그 안에 금은보화보다 값진 노래의 씨앗이 자라고 있었지요.

이제 나는 어머니의 발을 씻겨드리며 어머니가 뿌리신 노래의 씨앗을 하나씩 싹 틔워 가난한 사람의 선물로 나누어주겠습니다. 어머니는 자식의 모든 허물을 핏물 같은 눈물로 이미 다 씻어내었습니다. 철부지 아들은 이제야 봄의 텃밭에 그 노래의 씨앗을 뿌리기 시작합니다. 어머니가 계신 그 먼 곳까지 들리려면 나는 얼마나 많은 노래의 씨앗을 뿌려야 할까요. 내 노래를 들으면 어머니는 안

우시는 척 또 우시겠지요. 한번도 어머니의 눈물을 보지 못한 아들은 마침내 진주 같은 눈물을 볼 수 있겠습니다. 어머니의 눈물이 흥건하게 대지를 적실 때 세상에선 노래의 씨앗들이 함성을 지르며 무수히 자라 오를 것입니다.

난디니*
— 산티니케탄 3

난디니가 학교를 다녔는지 물어볼 수가 없다
벵골어가 능숙한 유학생에게 겨우 나이를 물어봤을 뿐이다
브라더와 시스터, 땡큐를 알아듣는 난디니는 루띠 가게 막내딸
산티니케탄 우체국 옆 작은 골목엔
과일가게와 자전거포, 그리고 난디니네 루띠 가게가 있다

대나무로 숭숭 엮어 지은 가게 안으로
지나가던 소가 불쑥 머리를 들이밀기도 하는
한 시인은 그 아이를 일곱 살 때 보았다고 했다
열네 살이 된 지금까지 짜이와 루띠를 팔며 잔뼈가 굵은,
이곳에선 염소와 오리, 개와 소까지도 저절로 자란다
코를 뚫거나 고삐를 매어 끌고 다니지 않는다

소를 방해하는 건 나무를 심고 씌워놓은 철망
개의 낮잠을 방해하는 건 무수한 보행과 경적뿐이다
난디니도 그렇게 자랐을 것이다

루띠를 담아 나르며 짜이 잔을 부시며
열아홉 살 언니의 어린 두 남매에게 빽 소리를 지르며
손님들 얘기 어깨 넘어 들으며 세상 물정 익혔을 것이다

몇 살까지 맨발이었을까, 샌들 밖으로 삐져나온 발가락이 나무 등걸 같다
난디니의 미래와 나의 귀국과는 아무런 상관이 없다
내가 건넨 작은 선물에 환하게 웃으며 눈빛 반짝일 뿐
웨스트벵골 산티니케탄엔 열네 살 소녀 하나 살고 있다

언니들과 오빠, 억세고 부지런한 어머니와 함께
스스로 목숨 끊은 아버지의 기억을 세월에 삭히며
오래, 아주 오래 맛 좋은 루띠 가게 막내딸이기를

다우리**를 요구하지 않는 남자 만나
언니처럼 예쁜 아이들의 엄마 되기를 바랄 뿐
입을 다물라고 해도 난디니는 웃는다, 내가 치이이즈 하지도 않았는데

카메라 앞에선 웃어야 한다는 걸 언제 배웠을까
타고르의 옛집 옆에 들꽃 같은 소녀 하나 짜이를 팔고 있다

---

* 곽재구의 시 「론디니」를 차용함.
** 인도의 지참금 제도.

영원한 만남
— 산티니케탄 4

무수한 만남과 헤어짐을 겪은 후에 당신을 만났습니다.
홍수의 골짜기와 불의 바다를 건너 당신은 그곳에 있었습니다.
무수한 불면의 밤이 어두운 지상을 관통했지요.
수없이 다짐했지만 운명처럼 헤어졌던 나날들
영원한 만남은 어디에 있습니까 절규하며 올려다보던 아득한 하늘
만나고 헤어지는 오랜 여정에 지쳐 있을 때 당신을 보았습니다.
천 개의 태풍 만 개의 우레가 치고 간 후 당신을 만났습니다
모든 고뇌와 절망은 당신을 만나기 위한 시련이었지요.
모든 만남의 기쁨은 금세 헤어짐의 슬픔으로 바뀌었지요
모든 헤어짐은 고뇌였지만 그 고뇌는 아름다웠습니다.
무수한 만남과 헤어짐이 꽃잎처럼 떨어져간 다음
생사의 골짜기를 넘어 거친 황야의 끝자락에 당신은 있었습니다.

푸른 근육
—산티니케탄 5

고관절이 부러지던 그 순간을 생생히 기억한다. 술 한 잔 입에 대지 않았고 한겨울 비탈길에 얼음이 얼어 있었고 나는 몸을 세워 페달을 밟으며 언덕길을 오르고 있었을 뿐, 야음을 틈타 기습적으로 사고가 발생한 것이 아니기 때문에, 백주 대낮에 외진 산비탈에서 119에 위치를 알리느라 안간힘을 쓰던 일과 새벽 한 시가 넘어서 수술이 시작된 것을 나는 기억한다.

병상에 누워 문병을 받던 날의 참담함과 세계를 여행하리라는 오랜 바람이 가물가물 뇌리에서 멀어져갈 때 납덩이같이 짓누르던 묵직한 절망. 순식간에 생명을 잃을 수도 있다는 자각이 든 것도 바로 그때. 병문안 오지도 못하고 베란다 한 구석에서 꾸벅꾸벅 상심에 젖어 있을 오래 정든 내 사이클을 생각할 때마다 갑작스럽게 찾아온 생이별이 거짓말만 같아 태연한 척 천장을 바라보았지만 마음은 벌써 내 인생의 전후반을 오르내리며 오만 가지 상념으로 들끓었다.

제비꽃은 몇 번 피었다 지고 하염없이 흩어지는 낙엽처럼 세월 밖으로 아스라이 멀어지던 상처의 기억, 삑, 삑, 삑, 내 몸을 검색하던 콜카타국제공항 직원은 고개를 갸웃거리며 연신 검색봉을 문지르더니 노련한 얼굴에 일순 미소가 활짝 펴진다, 통과. 병상의 근심과 절망은 다시 푸른 근육으로 되살아나고 그 일은 이제 크고 작은 수많은 상처의 기억들과 함께 더 이상 해외여행의 결격사유도, 함께 동고동락하다 사고를 당한 내 푸른 자전거와의 결별 사유도 되지 않는다.

보편적 언어
— 산티니케탄 6

아이들 뛰어노는 망고나무 숲*에 앉아
예수의 첫 번째 기적 이야기를 읽고 있는데
중병아리 같은 녀석들 둘이 다가왔다
머뭇거리며 싱글거리며 장난기와 불량기가
반반 섞인 몸짓으로 알아들을 수 없는 말로
지껄인다 알아들을 수 있는 건
원 헌드레드 루피**와 원 싸우전드 루피

원 헌드레드 루피는 점심 값이 없다는 얘기 같고
원 싸우전드 루피는 여자가 있다는 얘기 같았다
녀석들 손가락이 그걸 말하고 있었다
성스럽게 생각되던 산티니케탄 어디에도 범죄와
부조리와 사악은 있겠지만 설마, 하는 마음에 헛기침이
나왔다

광야에서 단식하는 사람의 아들에게
부귀와 영화를 약속하는 마귀처럼 나타난 녀석들
갑작스러운 상황이 낯설어 자리를 피해 한참을

가다가 돌아보니 나무 밑 그 자리에
닭 쫓던 개처럼 우두커니 나를 바라보고 있다

남루가 온몸에 흐르던, 어쩌면 배가 고파서
부자 나라 사람 같아서, 단지 그래서
다가왔을지도 모르는데 친하고 싶다는 표현이 겨우
그 시늉이었는지도 모르는데 그냥
보편적인 언어로 다가온 것일 수도 있는데

---

* 아름드리 망고나무 숲(Mango Grove). 타고르가 조성하고 산책을 하던 곳으로 지금은 그가 세운 초중고의 학생들이 그 그늘 아래서 자연친화적인 수업을 받고 있다.
** 인도 화폐단위로 1루피가 28원 정도 된다.

또 하나의 고독
— 산티니케탄 7

여행은 또 하나의 고독을 키워내는 일
싱그러운 바람도 망고나무 숲의 무료함을 달래지 못하고
나무 그늘 밑으로 떠도는 성자들의 보행이 모여드는 한낮
고목 밑 크리슈나 신상 앞 노란 꽃다발이
한낮의 열기에 시들어가는 오후

천만리 멀리 따라온 고독이 바짓가랑이를 잡아끌 때
문득, 내 시선이 한 차량의 꽁무니에 머문다
HYUNDAI, 저만치 SAMSUNG과 LG도 낮 졸음에 겨워 있다

토마토 몇 개와 바나나 한 개 챙겨 넣고
골목 입구에서 우두커니 나는 길을 잃고 만다
타고르 선생 댁으로 가 장미 밭이나 다시 구경할까
짜이 한 잔으로 이열치열 더위를 식힐까

이역만리 여행길 호기심도 시들해지고
콜라 한 병 입에 털어 넣고 다시 터벅터벅 걷는다

움직여라, 움직이는 것은 만나는 것
땀이 나고 목이 타고 웅성웅성 모인 사람들이 궁금해지는 것

주머니의 돈을 털어 미지의 세계로 나를 내던지는 것
고독을 돌돌 말아 쥐고서 남루의 골목을 지나
힘차게 가라, 여행은 사치스런 고독이 아니다
한 아름의 피곤과 권태를 짊어지고 나는 다시 걷는다

땀에 절어 낯선 말들의 홍수 속을 걷다보면
이윽고 만나게 될 뙤약볕 속 맑은 샘물
수많은 보행과 무수한 바퀴들의 사이를 뚫고
오랜 상념을 벗 삼아 길을 걸으면
나의 고뇌가 한 개 희열로 다시 떠오르기도 할 것이다

여행은 한 아름 권태와도 마주치는 것
또 하나의 고독을 온몸으로 막아내는 것

꼬리 흔드는 재주
— 산티니케탄 8

꼬리 흔드는 재주 하나로 사람의 마을에 산다
뚜벅뚜벅 성자의 걸음을 걷는 우공(牛公)도
꼬리 흔드는 법은 끝내 배우지 못했다

꼬리를 흔드는 것은 소통이고 사랑이다
아첨한다고 하지 말라 누가
나만큼 정답게 주인에게 다가갈 수 있느냐
백수의 왕에게도 그런 능력은 없다

늑대와 비교하지 말라 꼬리를
흔들며 다가오는 늑대를 본 일 있느냐
꼬리를 흔들지 못하는 것은 개가 아니다

붐비는 길모퉁이에서 나는 잔다
산티니케탄 대로변에서 낮잠을 자도 누구 하나 흔들어 깨우지 않는다
신발도 바퀴도 조심조심 비켜갈 뿐

염소는 젖과 고기를 공양하는 일념으로
우공은 성자의 눈망울과 달관의 걸음걸이로 살지만
꼬리를 흔드는 재주 하나로
나는 컹컹 달을 보고 짖으며 사람의 마을에 산다

귀향
— 산티니케탄 9

내 생의 목록들은 이제 얼마나 남았을까
사소한 것에서부터 여행은 끝나가고 있다
치약과 세탁비누 조각의 부피를 가늠하고
지불한 밥값의 날짜를 셈하며 귀향은 목전에 왔다

하루치의 일기를 쓰며 남은 여정을 확인한다
예산의 잔고는 몸매만큼 홀쭉해지고
읽지 못한 몇 권의 책과 소화 못한 몇 개 일정을 삭제하고
널브러진 개들의 낮잠과 배회하는 신들의 무수한 보행을 뒤로 한 채
가을 나무 낙엽 떨어내듯 주섬주섬 이륙을 챙기고 있다

만나고 헤어짐의 끝없는 반복 윤회의 바퀴는 다시 구르고
낯선 말들의 끝 모를 행렬을 뒤로한 채
나는 다시 오래 익숙한 일상으로 돌아갈 것이다

인정은 번지기 쉬운 물감 같은 것
질긴 인연의 사슬은 나이테처럼 나를 옭아매고
따끔한 바늘에 찔린 듯 통증을 견디며
모든 아쉬움을 챙겨 차곡차곡 배낭에 넣고 있다
몇 개의 계절이 지나야 통증은 또 무르익어 떨어질 것
인가

파이브 루피

인도 콜카타 마더하우스* 정문 앞
여러 명의 여인들이 진을 치고 있었다
예닐곱 살 아이들도 섞여 있었다
내가 골목으로 들어서면 우르르 몰려와 너도나도 손을 벌렸다
가엾은 생각에 오 루피씩을 주었다

이게 화근이었을까
아침이고 저녁이고
내가 보이기만 하면 그들은 필사적이다
그중에서도 갓난쟁이 하나를 허리에 두른 여자는
십 미터 이십 미터는 예사
길 건너 도보까지 쫓아오며 파이브 루피를 외치는 것이다

그래 한두 번 더 쥐어주기도 했다
뒤에서 뜯어가는 자가 따로 있으니
절대로 주지 말라던
안내하는 사람의 당부를 내가 간과한 탓인가

저 피죽 한번 먹지 못한 것 같은 여인과
그 허리춤에 매달린 눈물도 다 말라 더는 나올 것 같지 않은
저 어린것의 뒤에서 그 동냥한 걸 뜯어가는 자가 또 있다니
이튿날 기를 쓰고 달려드는 그 여인을
애써 뿌리치며 나는 참 참담했다

---

* 인도 콜카타에 있는, 테레사 수녀가 지은 자선단체의 본부.

그런가, 정말 그런가

정말 그런가, 열매 하나로 영글게 하기 위해
개나리꽃을 피워 울타리 환히 밝히고
거머리 떼에 종아리 온통 물리며
장대 같은 빗속에서 수렁배미 모내기 마치게 하고
아버지를 객지에 던져놓고 후레자식의 수모를 견디게 한 건가

밤을 지새운 붉은 연애편지에
단 한 번의 답장 걸려들지 않은 것도 그래 그런가
그때 놓친 새 새끼들은 아직도 기별이 없고
사립문 옆 꽃밭에 피던 꽃들은 지금도 환히 대낮처럼 피어 있는데
옛일들 생각하며 눈시울 붉어져 이 가을도 우두커니 들녘 바라보는데

정말 그런가, 평생 시를 놓지 못하게 하려고
호루라기를 휙 불어 내게 옐로카드를 내보인 건가
나를 위해 백방으로 궁리하는 당신이

시궁창에 빠트려도 보고 병실에서 생사를 오가게도 하고
상심의 바다에 허우적거리게도 한 건가

잎사귀란 잎사귀 풀잎이란 풀잎 모두 떨어지고
살을 에는 혹한의 계절이 지난 후
가장 선명한 새싹 하나로 움틔우기 위해
그믐달 빛 희미하게 창문에 걸리게 한 건가

밀려드는 밀물에 황급해진 오리 떼 바라보며
갯고랑 옆 텅 빈 들판에 바람을 깔고 앉아 마른 풀잎에 시를 쓰면서
그래 정말, 당신은 포도나무 나는 가지인가
그 나무에 내가 붙어 있게 하려고 서둘러 작은형을 데려간 건가
갈바람 부는 갯고랑 둑 거닐며
당신의 선혈 같은 저녁놀 한참 동안 바라보게 한 건가
그런가, 정말 그런가

발가락 단상

발은 쫓아가 들짐승을 잡으라고 있고
다섯 발가락이 거기 갈퀴처럼 달려 있는 것은
고공 하강하여 물수리가 바다를 움켜쥐고 날아오르듯이
독수리 발톱처럼 대지를 움켜잡으라고 있는 것이다
발가락에 힘을 모아 박차고 날아오르라는 것이다

선풍기나 끄라고 붙어 있는 게 아니라*
손가락을 짚고 물구나무를 서는 사람처럼
발가락 열 개로 몸 전체를 지탱하고도 남으라고
의좋은 형제들처럼 있는 것이다
냄새 나라고 무좀 걸리라고 있는 게 아니다

험한 세상 걸어갈 때 쓰러지지 말라고
구세주의 제자처럼 든든하게 있는 것이다
눈을 사랑하고 귀를 사랑하듯
콩팥과 비장과 혈관 하나하나를 사랑하듯 발가락을 사랑해야 한다

발뒤꿈치와 발가락의 명랑한 동행
발가락 하나가 을지문덕 말발굽만 해질 때까지
나는 준마처럼 걸을 것이다
인천대공원 소래습지생태공원을 걷다가
외적이 침입해 들어오면 살수대첩으로 무찌를 것이다

---

* 김영승 시 「반성743」에서.

위험한 동거

인도 산티니케탄 하숙방에서
윙윙거리는 모기 한 마리를 손바닥으로 냅다 쳤는데
모기의 등짝에 맞았나 보다
기겁을 하고 황급히 달아나던 모기

서울의 한여름 밤
모기 한 마리가 윙윙거리며 내 방을 정탐하고 있다
가지고 있던 부채로 냅다 쳤는데
토네이도에 지붕 날아가듯
나뒹굴며 천장으로 치솟는 모기

부채 바람이 멎은 지 한참이 되었어도
아직도 제정신이 아닌 듯
천장 구석구석을 종종거리고 있다

위험한 동거를 하고 있는 모기
사람 말고 다른 비상식량이라도 비축은 해놓았는지

제3부 노파와 유모차

노파와 유모차

한 노파가 유모차를 밀고 간다
신혼의 기억이 푸성귀처럼 담겨 있고
출가한 아들딸의 유년이 봄볕과 함께 실려 있다

여자가 텅 비면 노파가 된다
텅 빈 유모차가 텅 빈 노파를 부축하며 간다
낙엽 하나 떨어져 휘청 노파는 벤치에 앉는다

지아비의 어깨에 기대던 날이 있었다
시름에 몸을 맡기며 자식을 키우던 날도 있었다
지아비도 떠나고 자식들 흩어져 텅 빈 육신

한 생애를 비워낸 노파가 유모차에 의지한 채
모퉁이를 돌아 골목길을 걸어간다
가을이 모든 걸 비우며 저만치 앞서 걷고 있다

하나의 길

애야, 너는 아빠를 본받지 마라
아빠의 가난 아빠의 번뇌가 아빠를 만들었다

아빠는 시인이라고 네가 얘기하고 싶을 때
아빠는 마음속으로 운다
네가 어떻게 아빠의 불면을 알겠느냐

칠흑 같은 어둠 속에 엎드려 밤을 새워 시를 쓸 때
그 한 줄 한 행이 어떤 고뇌의 산물이었는지
어떤 갈증의 흔적이었는지
그 차가웠던 밤공기를 네가 어찌 알겠느냐

목숨이 위태롭던 밤길
심술궂은 바람에 깜박이던 호롱불
험난했던 그 길은 생사의 여정이었다

모든 사람은 고독하지만
나의 외로움과 너의 외로움은 다르다

너는 너의 번뇌를 교훈 삼고 실패를 발판 삼아
세상에 하나뿐인 네 목숨을 경작하여라
사람에겐 오직 하나 자기의 길이 있을 뿐이다

개나리

어려서 엄마 잃고 옷소매에 코를 묻히며
오줌을 쌌다고 구박을 받던 아이

아버지를 송두리째 빼앗기고
눈칫밥을 먹으며
머리에 부스럼이 덕지덕지 났던 아이

구박을 받으면서도 눈칫밥을 먹으면서도
성공해서 효도해야 한다며
괜찮아 효도하지 않아도 돼
들은 체도 안하고 방바닥에 엎드려 공부하던 아이

토끼 몇 마리가 전 재산이었던
먼 동화의 나라를 꿈꾸며 온종일 새를 쫓아다니던 아이

직장 얻어 밥은 굶지 않는지
살림 잘하는 여자 만나 가정은 꾸리고 사는지
봄볕 내리쬐고 다시 개나리는 피는데

어머니 다시 오면

뉴스에 나오는 얼굴들도 많이 바뀌고
아들도 많이 늙어 주름살이 늘고
데리고 마실 다니던 손녀들도 제 짝을 찾아갔으니
어머니는 세상이 얼마나 낯설까

아들과 함께 살던 집엔 낯선 사람이 살고
이사 간 아들네 집 찾으려고 얼마나 고생하실까
다정했던 옛 친구들 모두 세상 뜨고
추수 끝난 빈 들녘에 찬바람만 씽씽 부니
어머니 이 세상 다시 오고 싶지 않을 거야

그래도 몰라
평생 손님 같던 남편 아직 이승에 남아 있으니
우리 어머니 세상에 다시 오고 싶을지도 몰라

아들 며느리 사이좋게 사나
손녀딸들 얼굴 한번 보고 싶어서
우리 어머니 이승에 한 번 다녀가고 싶을지 몰라

작은형

작은형이 죽고 나는 울지 않았다
같이 자란 형을 생각하면 울음이 터져야 마땅한데
석 달이 지난 지금까지 울지 않았다

어느새 나도 죽음에 익숙해진 것인가
나를 데리고 장어구이집으로 들어가던 형
뙤약볕 아래 같이 콩을 거두던 형
여름이 가고 가을이 와도 담담할 뿐이다

어머니 적에도 그랬다
8월에 어머니 돌아가셨는데 눈물 한 방울 나지 않았다
몇 개월이 지난 한겨울
화산처럼 터져 나온 통곡에
같이 술 먹던 동료들이 기겁을 했었다

추석이면 함께 밤을 따던 형
어릴 적 나의 든든한 백이었던 형
같이 감자를 캐고 보리타작을 하던 작은 형

언제 형 생각에 눈물을 쏟아낼지, 그때가 언제일지

혼자 밤을 따는 추석 무렵일지
술 생각나는 눈 내리는 저녁일지
왈칵 형 생각에 목이 멜 때가 언제일지

일곱 살

장독대로 부엌으로 우물가로
부리나케 뛰어다니던 큰누나가
병아리를 밟아 놀란 병아리는 죽었다

큰누나가 미웠다
죽은 병아리를 장사지내며
큰누나 신발이 미웠다
나는 울음을 터트려 복수했다

한쪽 눈이 먼 큰누나
나를 업어 키운 큰누나
엄마보다 더 늙은 큰누나는
어느새 머리가 하얀 할머니가 되었다

눈빛

— 노시인의 시를 읽고

젖먹이
어린것을 바라보던
병색이 짙은 엄마의 눈빛

어미 없는
어린것을 기르던
꽃샘추위 속 햇볕 같던 할머니의 눈빛

이제 다시 시인의 눈빛
그 엄마의 눈빛과
할머니의 눈빛을 닮은,

시인은 그 눈빛으로
축대 밑 어린 싹을 바라보며
생명의 고귀를 일평생 시에 담고 있다

우주의 섭리

딸들에게 자상한 부모가 되지 못했는데
나 자랄 때 생각만 하고
학원도 보내지 말라고 다그쳤는데

너희들의 인생은 너희들 스스로 찾아라
출처가 불분명한 고집을 부렸을 뿐
딸들의 성공을 위해서 가정교사를 붙여준 적도
교육 일 번지에 전세방을 알아본 적도 없는데

나는 요새 딸들에게 배운다
부모 생일에 용돈을 주어야 한다는 것
손녀딸 백일엔 식구들이 다 모여 축하해야 한다는 것
쌍둥이 자매라도 형부에겐 존댓말을 쓰고
형제끼리는 우애가 있어야 한다는 걸 배운다

아무런 모범을 보이지 못했는데
딸들이 솔선수범해서 모범을 보이고 있다
딸들은 내게 사랑과 화목의 본보기를 보이며

부모의 욕심은 아무 소용없다는 걸 증명하고 있다

조금씩 멀어지며 살가워지는 딸들
부모보다 저희들 신랑과 더 궁합이 맞는 걸 보면서
세상의 질서와 우주의 섭리를 조금씩 깨닫고 있다

따뜻한 저녁 햇살

오래전에 돌아가신 엄마와 함께
김장도 같이 담그시고 콩밭도 같이 매시고
두 분 다 시앗도 보시고
동부 단을 이고 석양 길을 나란히 귀가하시던 큰엄마

객지로 떠돌던 남편을 용서하고 또
용서하고도 아직도 다 용서하지 못하고
빨아도 계속 넘쳐나는 세상의 땟국물
큰어머니 빨래는 언제나 끝이 나려나

제대로 먹이고 입히고 가르치질 못한 게 미안해서
고단하게 돌아오는 팔 남매의 귀갓길에
따뜻한 저녁 햇살이 되기 위해서
큰엄마는 구십칠 세가 되신 것이다

큰엄마를 따라 작은집 조카도 환갑을 넘겼다
어릴 적 종달새 새끼를 잡아다가 키우던 모습이나
귀가 꽁꽁 얼어 연을 날리던 모습까지 다 지켜보신 큰

엄마

막내아들 따라 강원도 동해시에 사시는 큰엄마
아흔일곱 생신 때는 맛좋은 조기 한 두름 들고 가
둥근 밥상에 둘러앉아 옛날 얘기를 듣고 싶다

큰엄마를 보면 엄마의 옛날도 보이고
보리타작 마당 탈곡기 소리도 들리고
마당가 봉숭아 맨드라미 꽃잎도 다 보인다

그때, 바로 그때

회한이 저녁놀처럼 가득할 때
낮술에 혼자 취하고 싶을 때
출근도 하지 않고 늦잠이나 자다가
엄마 무덤으로나 달려가고 싶을 때

불현듯 눈시울이 붉어져
옛날 노래 몇 곡 흥얼거릴 때
묵직한 통증을 안고 온종일 눈코 뜰 새도 없는 사이
구름에게나 살짝 마음을 열어 보일 때

하염없이 들길 쏘다녔으면
고이는 슬픔 자꾸 퍼내기라도 할 수 있다면
그때, 바로 그때 어머니
돌아가시고 채 열흘도 되지 않았을 때

기일

늦더위가 기승을 부리는 팔월 하순
퇴근 무렵에야 다시 어머니 기일을 생각한다
집에 오니 아내 혼자 눈코 뜰 새 없다
나는 서둘러 영정 사진 먼지를 털고
돗자리를 깔고 향을 피우고 성경과 성가 책을 놓고
조율이시 홍동백서 제상을 차린다

사진 속 어머니는 아무런 말씀이 없다
어머니도 죽는다는 사실을 사람들은 모른다
떠난 후에야 어리둥절할 뿐
단 한 번도 지아비에게선 전화가 없다
부자지간이 왜 형벌이 되어야 하는지

직장에서 딸들이 오고 자율학습 끝내고 막내가 왔다
어서 절을 올리고 술 한 잔 올려야지
달면 삼키고 쓰면 뱉는 세상
카오스의 혼돈 같은 사바 어디에서 다시 뵈오랴
시시포스의 노역을 나는 멈추지 않고 있다

친구 생각

친구들 여러 명 세상을 떴다
내 마음엔 여전히 초등학교 적 모습 그대로
가난하고 장난기 많은 모습 그대로인데
중학교 고등학교 적 그 모습 그대로
키는 훌쩍 커 어른 티가 조금씩 나던 모습들인데

떠난 친구들도 옛 친구들 잊지 못하고
우리가 체육대회나 망년회를 할 때
저승의 창문을 열고 이쪽을 내다보기도 할 것이다

이제 모두 퇴직하고 집에 있을 나이
자녀들 혼인시켜 내놓고 두 늙은이 살아야 할 나이
남은 생애 어떻게 끼니를 이을지
몇 푼 안 되는 재산 요리조리 셈해 보는 나이
긴 하오 어떻게 보낼까 쓸쓸하게 집을 나서는 나이

연륜에 단맛이 들어 툭 던지는 말에도 무게가 느껴지는
나이

그동안 어떻게들 살아왔는지
아이들 키우느라 얼마나 고생들을 했는지
존경과 연민이 교차하는 반백의 내 친구들

아름다운 것들

호적을 부러워하는 여자를 본 적 있다
아름드리 고목처럼 든든하게
한 가문의 당당한 며느리요 아내임을 선포하며
등불처럼 집안을 밝히는 호적이 얼마나 아름다운가

할아버지가 만들어 준 얼레
할머니의 텃밭, 사촌들과 함께 뛰어놀던 햇살과 바람
할아버지 없이 자란 아이는
할아버지를 모르고 아버지 하나만 겨우 알 것이다

텃밭에서 시금치와 아욱을 가꾸는 할머니를
보지 못한 아이가 어떻게 시원한 시금칫국의 참맛을 알
겠는가

사촌들이 멀리 떨어져 살며 모처럼 만나 부모님으로부터
사촌형이라고 고종사촌동생이라고 소개받을 때
어떻게 친형제 못지않은 사촌들의 참맛을 알겠는가

아버지가 객지에 나가 사는 바람에
나는 할아버지와 함께 추억의 왕국 속에 자랐다
할아버지가 만들어준 얼레를 가지고 연을 날려 보았는가
친구들 사이에서 제일 좋은 얼레를 돌리며
푸른 하늘 높이 가장 높이 연을 날려 보았는가

황금만이 찬란한 건 아니다
찰랑거리는 귀걸이만 아름다운 게 아니다
가난한 집 마당으로 쏟아지던 달빛도 찬란하고
새참을 이고 가는 어머니를 따라
쫄랑쫄랑 따라가던 들길에 핀 찔레꽃도 아름답다

산비둘기 우는 내력

산비둘기 한 마리 늙은 소나무 가지에서 운다
가슴을 풍선처럼 부풀렸다가 펌프질을 하듯 뿜어내면
산울림 같은 통곡이 쏟아져 나온다
산비둘기와 집비둘기는 같은 가족이었다

비둘기 나라에 전쟁이 났을 때
남부여대 피난길에 올랐다가 뿔뿔이 흩어져
아내 비둘기는 산으로 가 산비둘기가 되었고
남편 비둘기는 도시로 날아가 집비둘기가 되었다

사람들의 도시에 살고 있다는 풍문을 듣고
그날부터 남편을 부르며 산비둘기는 운다
연희동 늙은 소나무 숲에서 애타게 울고
능동 어린이대공원 버드나무 숲에 와 온종일 운다

손자 손녀 날마다 할아버지를 찾는다며 울고
문전옥답에 오곡백과 탐스럽게 익었다고 운다
한 두레박씩 통한을 퍼내며 지아비를 부르며 운다

제4부 함박눈을 보낸다

일몰

점점 몸이 무거워지던 해가
늙은 소나무 우듬지에 기대어 앉아 있더니
소나무 가지 사이를 뚫고
솔잎 사이로 조금씩 아래로 미끄러지니까
검은 소나무 둥치가 그걸 받아서는
조심스럽게 밑으로 내려보내고 있었는데
늙은 소나무의 차례가 지나자
저쪽 산등성이에 밤나무들이 일렬로 서서
해의 몸을 둥글게 받쳐 드는 것이었다
나무들의 공손한 손길로
붉은 해 서서히 서산으로 넘어갈 때
저녁 새 한 마리 노을 속으로 날아가고
거기에 다른 조짐은 없었다
별 하나가 일찍 나와 손을 흔들고 있었다

함박눈을 보낸다

내가 열여섯 열일곱 무렵
한 소녀를 사랑하여 밤을 새워 연애편지를 쓰고
써서 친구에게 부탁하여 전달을 하고
일기를 쓰고 일기가 온통 핑크빛 일색이고

몇 십 년이 지난 지금까지
그 소녀 이름을 불러보고
그 눈매를 생각하며 시를 쓰고 지우고
베아트리체 에겔리아 매력적인 이름을 붙여주며

그건 그냥 성장통일 뿐
내 몸에서 후끈후끈 솟던 열기일 뿐
사랑이 아니었을지도 몰라

그 열기가 네게로 훅 끼쳤을 뿐
너와 나 우연히 한 시대에 살았던 것뿐
뜨거워 네가 얼른 몸을 피했을 뿐

스쳐간 바람처럼 네가 떠난 지도 오래
후끈거리는 열기가 사라진 지도 오래
그날의 함박눈도 이제 지운다
그 언덕길의 그 종소리도 이제 보낸다

2000년대의 삽화

할아버지는 술잔을 받으며
두 며느리에게 너는 아들을 낳아서 술이 달다
너는 딸을 낳아서 술맛이 쓰다 그러셨다
육십 년 전 할아버지 회갑 때의 일화다
요즘은 그런 할아버지는 없을 것이다

딸만 낳은 그 며느리는 그 말이 가슴에 맺혀서
그 후로 딸 넷을 더 낳고 마침내 아들 하나를 낳았다
그렇게 세월이 흘러 2000년대가 되었다
아들만 낳았던 그 며느리의 아들에게 아들이 없으니
이제 가문은 고스란히 그 딸 다섯을 낳고 낳은 아들이 잇게 되었다

그런데 왜 점점 아들 시세가 떨어지기만 하는지
똥값이던 딸이 금값이 되고 치솟았던 아들 값은 반값으로 떨어졌지만
할아버지가 된 그 작은아들이 여전히 그 아버지처럼

아들을 낳아서 네 술잔은 달구나
딸만 낳아서 네 술잔은 쓰구나 하고만 있으니
아무리 똥값이던 딸 값이 금값이 되었다 한들
딸만 낳은 아들은 또 한 잔 마시는 술이 쓰기만 할밖에

눈물통

바다 같은 눈물통 하나 달려 있네
여기저기서 흘러든 눈물의 하천이 모여 눈물강을 이루고
생의 하류에 와서 바다 같은 눈물통이 되었네

태어날 때 눈물샘 하나 있었네
나는 눈물의 바다에 사는 포유동물 눈물의 젖을 먹고 자랐지
이 눈물통의 눈물들이 불에 타면 사리가 될까
봇물 터지듯 터지면 장강을 이루어 석 달 열흘 지구를 덮을까
눈물의 바다가 하늘을 덮어 은하수와 섞일까
돌고래자리도 페가수스자리도 둥둥 눈물바다에 떠다니겠네

하늘을 채우고 바다를 채우는
주체할 길 없는 눈물통의 눈물들
조그만 몸뚱이에 하늘만 한 눈물통이 웬일인가
내가 마신 모든 물이 눈물이 되고

내가 마신 모든 술이 눈물바다 되고
내가 생각한 모든 생각 내가 헤어진 모든 이별
내가 꾸었던 모든 꿈들이 눈물통이 되었네

동에서 서로
남에서 북으로
하늘에서 바다로
다시 바다에서 하늘로 모든 바다 생명체와
무수한 별을 뒤섞으며 출렁거리는 눈물통

술통을 들어부으면 술통이 눈물통이 되고 오물통을
들어부어 냄새를 피워보지만 고스란히 눈물만 다시
출렁이는 이 거대한 눈물통의 발원지는 어디인가
하늘을 뒤덮은 바다 눈물통 출렁거리네

신의 작품

자전거를 타다가 손목에 큰 타박상을 입었다
붓기가 빠져 겉보기엔 아무렇지도 않은데
나와 숨바꼭질을 하는 것처럼
시도 때도 없이 통증이 손목 한 모서리를 갉아대고 있다

영락없는 천사와 악마의 사투
내 손목에 와서 싸움질을 할 게 뭐람
시간이 지나면 악마도 항복을 하고 물러설 텐데
때가 되면 더는 견디지를 못하고 무장해제를 하고 말 텐데

점점 더 깊은 곳으로 파고드는 통증
실연의 상처도 오랜 후에야 겨우 아물었는데
정교한 신의 작품에 흠집을 냈으니 악마가 끼어들밖에
신은 이미 형량을 선고하고
간수처럼 묵묵히 석방의 날을 기다리고 있을 텐데

사생아

황토바닥에 굴러다니는 개똥처럼 자랐다
그해 태풍은 무서웠지
강풍과 폭우를 동반하고 빠르게 북상하던 카오스
마지막 잎새는 떨어져나가고 아이는 나뒹굴었다

애비는 신기루였다
겹겹이 둘러싸인 출입금지 구역이었다

토끼풀 망태 들고 쏘다닐 때부터
성도 없고 애비 이름도 모르는 사생아였다
개똥참외 같은 한 생애
눈 내리고 아득히 한 시대가 저물고 있다

작은 흔적들

뭔가를 애타게 찾고 있는 저 울음소리
평생을 찾아도 못 찾을 그 무엇을 잃어버린 건지
저 산비둘기 울음이 내 시를 닮았다

반드시 찾아서 마음의 곳간에 간직해야 할
옛날 어머니의 쪽진 머리의 반짝임 같은 것
마지막 선물을 건네고 눈 덮인 언덕길을
뛰어 내려오던 날의 겨울 햇살 같은 것
장마 진 냇둑 길을 알몸으로 뛰어다니던 날의 함성 같은 것

무엇을 잃어버렸는지
힘들게 찾으면 겨우 조금씩 모습을 드러내는
작은 몸짓들, 흔적들

한 가족

어스름이 깔린 새벽 매미가 운다
산비둘기도 일어나 울고 있다
일찍 집을 나선 사람은
산비둘기 소리를 들으며 출근을 하고 일찍
일어난 주부는 매미 소리를 섞어 아침밥을 안칠 것이다
태양과 이슬방울이 한 형제이고
꽃과 황혼이 한 자매다
까마귀와 파도가 한 목청으로 울고
뙤약볕과 포도송이가 한 몸짓이다
태양의 기척을 나팔꽃이 먼저 알아차리고
누에가 고치를 짓듯이 별은 빛난다
시는 새처럼 날아가고
시를 쓸 때 사람은 나무가 된다
시인이 고추잠자리로 날고 있는 오후
생로병사가 시인 것처럼
가을이 시인이다, 시를 쓰지 않을 뿐

가난한 가족

그 마음 텅 비우고 있다
애지중지 모아왔던 재산 헐값에 털어내고
육신도 정신도 다 비워내고
가난한 몸으로 가난한 마음으로
옛날 옛적 가난하던 시절로 돌아가고 있다

가난한 아들
가난한 아내에게로 흘러가는 구름 한 송이
돈에 걸려서
체면에 걸려서
책임과 의무에 걸려서 망설이던 길

이목 때문에
회한 때문에
죄지은 게 많아서 돌아가지 못한 길

이제 다 비워내고
정갈한 마음으로 하늘을 보고 있다

욕망의 도시가 데려갔던
자본주의가 빼앗아갔던 한 생애가
빈 몸으로 돌아오고 있다

가난한 아내
가난한 아들과
다시 한 식구가 되고 있다
가난한 집 가난한 마루에 둘러 앉아
다시 가난한 가족이 되고 있다

나도 난해시를 쓴 적 있다

전대미문의 신이론을 담아놓은 것도 아니고
기적의 생수가 분출하는 보물지도 해독법을 제시한 것도 아닌데
독자들이 어리둥절하다가 돌아설 그런 시를 쓴 적 있다
어젯밤에 만취했던 비밀을 시적으로 변용하여
현대시의 전범처럼 진열해놓은 적 있다

객관적으로 보아 소통의 통로가 막혀버린 걸 확인하고서야
비로소 퇴고를 하고 잠자리에 든 적 있다
독자에게 비밀의 문을 열어주면 낙오할까봐
절대적으로 불통의 시를 써야겠다고 마음먹은 적 있다

어떤 독자가 내 시를 감명 깊게 읽었다고 하는 바람에
비로소 만방에 통하는 불통을 즐거워한 적 있다
쓴 사람 자신도 알 수 없는 시를 나도 쓴 적 있다
독자에게 다가가기보다 차라리 시를 포기하겠다고 마음먹은 적 있다

어느 허기진 날 시 한 접시를 앞에 놓고 허겁지겁 먹다가 혓바닥을 덴 적 있다
시집의 해설을 읽다가 책을 덮은 적 있다
시를 왜 이해하려고 하느냐 그냥 사랑하면 된다고 하는 말 들어본 적 있다
난해시를 읽지 못하는 내가 난해시를 쓴 것이
위선이란 것을 알기 때문에 다시는 난해시를 쓰지 않겠다고 다짐한 적 있다

세상에 풍미하는 그 많은 난해시를 비켜가며
내가 여전히 시인을 꿈꾸는 것은 살얼음판을 걷고 있는 것이다

만 원짜리 문예지를 사서 천 원어치 재미도 얻지 못하면서
내가 왜 시인이 되려고 했는지 후회해본 적 있다
반백이 되도록 시인이 되지 못할 거면서
왜 열여섯에 시인이 되겠다고 다짐을 하였는지 반성해본 적 있다

성공에 대하여

성공이란 한 분야에 삼십 년쯤 종사한 후에 찾아오는 것
이것은 십대 후반에 귀동냥한 얘기
성공이란 좋은 대학을 나왔다거나 사법고시에 합격했다거나
땅값이 올라 큰 부자가 되었다는 따위가 아니라
한 분야에 삼십 년쯤 종사해야 온다는 얘기 아닌가

반짝 빛났다가 사라지는 게 아니라 연륜이라는 것 아닌가
은은하고 끈기 있고 한결같은 것
악천후도 견뎌낸 든든한 믿음 같은 것
한 삼십 년 숨 가쁘게 외길 걸었네
호구지책이거나 딴 재주가 없는 까닭이라고 해도
이리 뛰고 저리 뛰다 보니 정년이 성큼 다가와 있다

월급을 쪼개 생활을 꾸려온 아내의 노고
전쟁 같은 세월 함께 한 동료들
심지를 태우듯 고뇌를 연소시키던 문학

들녘의 햇살이 다독거리고 술이 나를 위로해 주었지

지켜보던 고향 어른들, 벗들 그리고 어머니
사랑과 은혜는 별빛처럼 내려
별 하나 하늘에 빛나듯 지상에 피어난 풀꽃 하나
세상의 모든 이에게 육십 년을 살아온 그 기념으로
칠십 년 혹은 팔십 년을 살아온 그 기념으로
햇빛 좋은 자리 꽃은 한 송이씩 피는 것이고

삼십 년 결혼 생활, 사십 년 농사지은 그 기념으로
온몸에 기름때 묻힌 삼십 년 그 기념으로
빛나는 월계관 하나씩 또 마련되는 것 아닌가
오랜 세월 밥상 차려준 아내에게도
더불어 꽃은 한 송이 또 피어나는 것 아닌가

지각생

교문을 향해 뛰어가는 아이
가방을 겨드랑이에 끼고 숨을 헐떡이며
학생부 선생님이 있나 없나 살피며
교문을 쏜살같이 통과하여 교실로 뛰어가는 아이

저 아이를 저토록 다급하게 만든 건
규범의 힘
관습의 힘
친구와 군사부일체의 힘
본능과 욕망과 광기와 폭력의 힘

시인도 책가방을 둘러메고 뛴다
무엇에 쫓기는 듯 잔뜩 긴장된 모습으로
교문은 아직 멀고 교문을 지키는 무서운 선생님
교실에서 출석을 부르고 있을 담임선생님

시인에게도 늦지 않고 도착해야 할 교문이 있고
앉아 공부해야 할 책상이 있고

친구들과 사이좋게 지내야 할 교실이 있다
해마다 아이처럼 시인도 수능시험을 본다

머리 염색을 하고

오늘 이발을 하고 처음 머리 염색을 했다
눈썹에도 흰 털이 박혀 눈썹까지 했다
염색을 하고 거울을 보니 새까만 머리가 낯설다
이삼일 지나면 금방 또 익숙해지겠지
돋보기를 쓴 건 벌써 이십여 년 전
나는 이제 돋보기를 끼고 겨우 염색을 한번 해보았다
앞으론 지팡이도 짚어야 하고
보청기를 맞추러 허둥지둥 헤매기도 해야 하고
임플란트를 하러 뻔질나게 치과에도 드나들어야 할 것이다

세상은 지금 폭설과 연일 강추위다
이 추위를 견디며 나는 봄을 기다리고 있다
내 젊은 날은 연일 폭설과 강추위였다
따뜻한 봄날을 기다리다 흘러간 세월이었다

무엇을 하며 긴 하오의 날들을 보내야 할지
어머니의 좋은 아들로 여생을 살아야 할 텐데

어려서 하이네와 바이런을 읽으며

내게 했던 약속도 죽기 전에 꼭 지켜야 할 텐데

저무는 들판에서

어둠에 잠기는 늦가을 풍경
아름답던 단풍도 긴 오솔길도
호숫가에 여장을 푸는 겨울 철새도
제 몸짓으로 어둠에 잠기고 있다

서쪽 하늘엔 어제 보던 별
먼 마을 불빛에 고향집 생각
돌아가야지 따듯했던 기억 속으로
오래 못 뵌 어머니의 아랫목으로

나부끼는 마른 풀잎 저무는 들판
들짐승의 휴식과
철새의 단잠을 위해
돌아가야지, 잠드는 들녘 별빛 속에 남겨두고서

시인의 에스프리

나의 삶, 나의 시

최일화

내가 시를 쓰기 시작한 것은 고등학교 1학년 무렵이었다. 내가 다닌 고등학교는 남녀공학으로 중학교와 고등학교가 한 캠퍼스 안에 있었다. 내가 중3이었을 때 교실 게시판에 한 게시물이 붙어 있었는데 고등학교 1학년 여학생이《인천일보》주재 전국 학생 백일장에서 입선한 작품이었다. 장원이었는지 그냥 입선이었는지는 기억에 없다. 그때부터 나는 조금씩 그 여학생에게 관심을 갖게 되었고 조금씩 시를 써보기 시작하다가 고등학교에 올라가서는 대학 노트 한 권 가득 시를 써보기도 했다.

그때 내가 관심을 가졌던 시인들은 바이런, 워즈워스, 괴테, 하이네 등 서구 낭만주의 시인들이었다. 그 당시 나는 서구 문화에 심취하여 문학작품도 서양 문학만을 읽었고 노래도 팝송만을 주로 들었다. 그때 나는 서양 문물이 소나기처럼 쏟아져 들어온다고 믿을 정도였다. 그러나 당시 우리 문학작품 읽기를 소홀히 하고 어설프게 번역된 서구 낭만주의 문학작품을 읽었던 것은 내가 시 공부를 하는 데 전혀 보탬이 되지 못했다는 걸 나중에야 알게 되었다.

이렇게 2년 남짓 그 여학생에 대한 사랑의 감정과 장래의 꿈에 대하여 공책 가득 써보던 습작 과정도 고3이 되어서는 대학입시에 대한 부담 때문에 완전히 접고 말았다. 그 이후 나는 15년 동안 한 권의 문예지도 사서 보지 않고 시를 쓰지도 않고 문학과는 담을 쌓고 말았다. 그러다가 학업도 끝내고 군대 문제도 해결되고 직장 문제, 결혼 문제까지 해결된 30대 중반에 나도 모르게 가끔씩 시조를 포함한 단시 형태의 글을 쓰기 시작했다.

이렇게 쓴 시를 《여성동아》《한국인》《중앙일보》 등의 독자란에 투고하면서 다시 문학에 재미가 붙게 되었다. 어떤 문예지에 추천받기 위해 몇 번 투고도 해보았으나 당선을 하지 못한 상태에서 서른일곱 되던 해 인천의 조그만 출판사에서 첫 시집 『우리 사랑이 成熟하는 날까지』를 출간하게 되었다. 이 작품집을 문인들에게 발송하면서 한국작가회의와 인천문인협회에 가입하게 되고 이듬해 문학무크지 『現場文學』에 작품 두 편이 실림으로써 공식

적으로 작품 활동을 시작하게 되었다. 1991년엔 당시 격월간이던 『文學世界』 통권 3호에 申瞳集 시인의 추천을 받기도 했다.

그 이후 직장 생활을 하면서 꾸준하게 시집과 수필집을 내서 지금까지 이 시집 포함 아홉 권의 시집과 수필집 두 권을 상재했지만 여전히 나는 아마추어 시인이라는 생각을 떨쳐내지 못하고 있다. 이번 작품집은 조금 심혈을 기울여보기로 하고 담양의 문학 집필실 '글을 낳는 집'에도 한 달을 머물렀고 거기서 기간이 만료되자마자 서울 '연희문학창작촌'에 3개월 입주하여 좋은 시를 써보려고 노력했다. 그러나 몇 개월 만에 기량이 월등히 향상되는 것은 아니다.

이 시집은 4부로 구성되어 있다. 특별하게 어떤 특성을 살려 구분한 것은 아니다. 그러나 2부엔 내가 70여 일 인도 동북부 산티니케탄에 머물면서 쓴 작품이 주를 이룬다. 모두 인도를 소재로 해서 쓴 것은 아니다. 산티니케탄이라는 지방에서 쓴 작품이기 때문에 산티니케탄이란 연작시 형태의 부제를 달았다. 그리고 4부에서는 가족 갈등 문제를 다룬 작품들이 여러 편 실려 있다. 가족 문제에서도 명쾌한 해답을 찾기가 어렵다는 걸 깨달으며 남북 문제와 기타 여러 사회적 갈등의 실마리를 풀기가 얼마나 어려울까 생각해보기도 했다.

사적인 가족 갈등이 어떻게 보편성을 띤 문학작품이 될 수 있을까 고심했다. 현대판 쟁총문학이 될 것 같아 마음이 아프다. 격앙된 목소리로 글을 마무리해놓고 막상 발표하려고 하면 가로막고 나서는 것이 있었다. 가족이란 그런 것인가 보다. 비판적 글을 쓴 것은 가장 원만한 관계를 회복하기 위한 고육지책이다. 복잡한 심정의 일단을 완곡하게 표현해본 것이 4부의 시편들이다. 부친의 연세가 올해 여든아홉이다. 부친도 생각하면 참 딱한 인생을 살아왔다. 왜 갈등이 없었겠는가. 마음과는 달리 얼른 해결할 수 없는 문제는 또 있었을 것이다. 상황이 개선되기를 바라고 있다.

그리고 나머지 1부, 3부의 시들은 일상생활 주변에서 느낀 것들을 비교적 쉽게 형상화한 작품들이 대부분이다. 나의 시는 무척 쉽다. 나는 연희문학창작촌에 있으면서 200여 권 이상의 시집을 읽었다. 주로 '창작과비평'과 '문학과지성'의 시인선이다. 시집에 수록된 모든 작품을 읽은 것은 아니다. 한 권에 열 편 씩이라도 읽자 하고 시작했다. 읽다 보니 채 열 편도 읽지 못하고 덮어버린 시집이 상당수였다. 도저히 읽히지가 않았다. 해설을 보면서 겨우 대략의 내용을 파악한 시집도 있다.

200여 권 가운데 내 마음에 드는 시집은 50여 권쯤 될

까. 젊은 시인 중에서도 읽기 쉽게 쓰는 탁월한 시인이 있다는 걸 알게 된 것은 기쁜 일이다. 구약을 읽다 보면 여러 가지 기적이야기가 나온다. 100세, 200세, 500세, 900세까지 사는 얘기가 나오는가 하면 100세, 300세 무렵에 아이를 출산하는 이야기가 나온다. 현실적으로는 불가능한 이야기를 읽으면서 도대체 성경을 어떻게 이해해야 하는지 난감할 때가 있다. 분명히 저 기적들, 저 터무니없는 이야기들이 담고 있는 의미가 있을 텐데.

마찬가지로 시를 읽으면서도 난해한 시도 분명히 의미가 있고 시인이 전달하려고 하는 메시지가 있을 텐데 그걸 어떤 방식으로 잡아내야 할지 난감하다 못해 절망감을 가지고 책을 덮는 경우도 많았다. 나는 도저히 이해할 수 없는 시들, 하물며 그런 시를 쓴다는 것은 언감생심 얼토당토않은 일로 생각이 되었다. 내 독서량이 부족했기 때문인가. 문학 수업을 제대로 받지 않아 그런가. 참 곤혹스러웠다. 한 젊은 평론가에게 이 점을 물었더니 젊은 시인들의 사고방식은 기성세대와는 다르다, 그들은 도시에서 출생하고 성장하여 도시의 이미지를 쓴다, 처음부터 뜻을 파악하려고 하지 말고 그냥 읽다 보면 의미도 들어온다고 한다. 역시 아리송한 말이다.

그러면서도 나는 시를 읽고 계속 시를 쓰고 있다. 내 스타일로밖에는 쓸 수 없다는 것도 알게 되었다. 그렇게 쓰인 나의 시는 아주 쉽다. 나는 쉬운 시를 쓰고 또 쉬운 시 읽기를 좋아한다. 좀 어렵다 싶으면 다시 쉽게 고치기까지 한다. 쉬우면서도 문학적 감동이 내포된 시를 쓰려고 한다. 감동과 재미가 없는 시는 언어예술로서 가치가 없다고 본다. 내가 즐겁게 감상할 수 있는 시를 쓰는 시인들이 많이 있다는 것이 고무적이었다. 앞으로도 시 읽기에 더 공을 들일 것이다. 한편 난해한 시에 너무 고심하지 않기로 했다.

나는 이 시집 포함 아홉 권이나 시집을 냈다. 앞으로도 계속 시를 쓸 것이다. 책이 많이 팔린다든지 우수문학도서로 선정된다든지, 문화예술위원회나 지자체 문화재단으로부터 창작지원기금이라도 받게 된다면 기쁨은 정말 하늘을 찌를 것이다. 탁월한 시인들에겐 그러한 일이 다반사로 일어나겠지만 나는 한 번만 그런 기회가 와도 대단한 성공으로 간주할 것이다. 인세를 받고 출판사 비용으로 시집을 내는 것, 그것도 빼놓을 수 없는 목표 중에 하나다. 문학엔 정년이 없다. 직장에선 정년퇴직을 했지만 문학에선 앞으로 오랫동안 현역으로 뛸 수 있다. 나의 인생을 가꾸고 나의 길을 모색해가는 과정에 문학은 좋은 동반자가 될 것이다.

이 시집은 인천문화재단의 기금 지원으로 출판되었다.

지원 규모가 적어 자비를 조금 들여야 하는 상황이었지만 그래도 기쁘고 감사하다. 평소에 내가 좋아하던 가장 탁월한 시인들이 심사를 맡고 채택을 했다는 사실이 기쁘고 감사하다. 나는 새로 문단에 데뷔라도 하는 것처럼 기분이 좋았다. 문학인을 점점 더 문학에 매달리게 하는 매력적인 요소가 문단에도 서점가에도 있다. 책이 많이 팔린다든지 어떤 문학상을 타는 경우, 우수문학도서로 채택된다든지 지원금을 듬뿍 받는 일이 그렇고 독자들과 소통할 수 있는 기회를 많이 갖게 되는 것도 그럴 것이다. 그 어느 것 하나에라도 도달한다면 그것만으로도 얼마나 유쾌 통쾌 상쾌한 일이겠는가.

인천문화재단 관계자 여러분과 창작지원금을 받을 수 있도록 작품을 채택하여 주신 정호승, 신현수 시인께도 고마움을 전한다. 이 시집의 시 여러 편은 담양 '글을 낳는 집'에서 쓰고 다듬어졌으며 또 여러 편은 '연희문학창작촌'에서 쓰고 다듬어졌다. 불편이 없도록 세심한 배려를 해주신 '글을 낳는 집'의 촌장 김규성 시인과 '연희문학창작촌' 안현미 시인과 직원 여러분께도 고마움을 전한다. 좋은 책을 출판하기 위해 불철주야 노력하는 '문학의 전당'에서 출판하게 된 것을 기쁘게 생각하며 고영 대표와 편집자 여러분께 감사의 인사를 드린다. 그리고 시집을 낸다고 늘 부산을 떨면서도 시인으로서 존재감이 없어 이제는 옆에서 지켜보면서도 별로 신통하게 생각하지 않는 아내에게 미안함과 함께 고마움을, 우리 집의 보배 세 딸 承賢, 承淑, 承雨, 그리고 사위 金大成, 尹相彬에게도 고마움을 전한다.

2013년 8월 20일

연희문학창작촌에서

이 도서의 국립중앙도서관 출판시도서목록(CIP)은 서지정보유통지원시스템 홈페이지(http://seoji.nl.go.kr)와 국가자료공동목록시스템(http://www.nl.go.kr/kolisnet)에서 이용하실 수 있습니다.(CIP제어번호: CIP2013016809)

문학의전당 시인선 162
시간의 빛깔

초판 1쇄 인쇄 2013년 9월 09일
초판 1쇄 발행 2013년 9월 16일
지은이 최일화
펴낸이 김석봉
책임편집 이현호
디자인 조동욱
펴낸곳 문학의전당
출판등록 제311-2012-000043호
주소 서울시 은평구 연서로11길 7-5 401호
편집실 서울시 마포구 공덕2동 404 풍림VIP빌딩 413호
전화 02-852-1977
팩스 02-852-1978
블로그 http://blog.naver.com/mhjd2003
전자우편 sbpoem@naver.com

ISBN 978-89-98096-43-4 03810

* 이 시집은 인천문화재단으로부터 문학창작기금을 지원받아 제작되었습니다.